AF313222

Vente des Jeudi 23 et Vendredi 24 Novembre

RUE DROUOT, 9, SALLE N° 6

À UNE HEURE ET DEMIE PRÉCISES

Collection de M. N. C.

ESTAMPES

ANCIENNES ET MODERNES

TABLEAUX, CURIOSITÉS DIVERSES

QUELQUES DESSINS

EXPOSITION PUBLIQUE

Le Mercredi 22 Novembre 1876, de une heure à cinq heures.

Mᵉ **MAURICE DELESTRE**

COMMISSAIRE-PRISEUR

rue Drouot, 27,

Successeur de M. DELBERGUE-CORMONT

M. E. GANDOUIN

EXPERT DES DOMAINES NATIONAUX

rue des Martyrs, 13,

et rue Notre-Dame-de-Lorette, 14.

PARIS — 1876

Ve RENOU, MAULDE et COCK

IMPRIMEURS DE LA COMPAGNIE DES COMMISSAIRES-PRISEURS

Rue de Rivoli, 144.

CATALOGUE

D'ESTAMPES

ANCIENNES ET MODERNES

TABLEAUX, CURIOSITÉS DIVERSES

QUELQUES DESSINS

DONT LA VENTE AUX ENCHÈRES PUBLIQUES AURA LIEU

HOTEL DES COMMISSAIRES-PRISEURS

RUE DROUOT, 9, SALLE N° 6

Les Jeudi 23 et Vendredi 24 Novembre 1876

A 1 HEURE 1/2 PRÉCISES

Par le ministère de Mᵉ **MAURICE DELESTRE**, Commissaire-Priseur
Successeur de M. DELBERGUE-CORMONT, rue Drouot, 23,

Et de **M. GANDOUIN**, Expert des Domaines nationaux,
rue des Martyrs, 13, et rue N.-D.-de-Lorette, 14,
CHEZ LESQUELS SE DISTRIBUE LE CATALOGUE.

EXPOSITION PUBLIQUE

Le Mercredi 22 Novembre 1876, de une heure à cinq heures.

PARIS — 1876

AVIS

Le court délai qui nous sépare des jours fixés pour la vente étant insuffisant pour rédiger le Catalogue de cette Collection, un aperçu de quelques notes suffira pour attirer l'attention de MM. les Acheteurs.

L'Expert, dirigeant la vente, se charge des commissions et se réserve la faculté de réunir ou diviser les lots.

ORDRE DES VACATIONS

Le Jeudi 23 Novembre 1876

Gravures . . . . du n° 78 au n° 282.
Dessins . . . . du n° 22 au n° 77.

Le Vendredi 24 Novembre 1876

Les Livres . . . . n° 288 et suivants.

Le même jour, à quatre heures

Les Tableaux, la Gouache du xv° siècle et les Curiosités.

CONDITIONS DE LA VENTE

Elle sera faite au comptant.

Les Acquéreurs paieront CINQ POUR CENT, en sus du prix d'adjudication, applicables aux frais.

L'Exposition mettant les Acquéreurs à même de se rendre compte de l'état des Objets soumis à leur examen, il ne sera admis aucune réclamation après l'adjudication prononcée.

DÉSIGNATION

DES

TABLEAUX

ANCIENS ET MODERNES

ANDRIEUX

1 — Épisode de chasse.

BONNINGTON (R.-P.)

2 — La Route.

Superbe esquisse de ce maître provenant du cabinet Disant.

BOUCHER (François)

3 — Nymphes surprises par un fleuve.

Belle esquisse de ce maître.

COFFETIER (N.)

4 — La Cueillette des pissenlits.

COFFETIER (N.)

5 — Berger des Marais salants, près Biarritz.

CANO (Alonso)

6 — Sujet allégorique sur le refus de la mitre par des frères du Rosaire.

Belle esquisse de ce maître.

CHARLET

7 — Épisode de la Révolution de 1830.

COFFETIER (N.)

8 — Le Coucher de soleil (Paysage en Lorraine).

DAUMIER (H.)

9 — Le Départ pour l'école.

DYCK (Philippe Van)

10 — Portrait d'une Dame de qualité.

Signé.

DAUMIER (H.)

11 — La petite Maman.

GRIMOUX

12 — Portrait d'un graveur.

GIOTTO

13 — Le Christ au tombeau soutenu par les Anges.
Panneau très-intéressant.

GUERCHIN

14 — Tête de vieillard.

LEPAULLE

15 — Portrait de la duchesse d'Orléans.

Esquisse.

PRUD'HON (P.-P.)

16 — Portrait d'homme.

ROSALBA

17 — Portrait de femme.

Pastel.

ROLAND (O.)

18 — Portrait d'un hussard.

SAINT-AUBIN (Gabriel de)

19 — Le Portrait.

Charmante esquisse de ce maître, rare à rencontrer dans les ventes.

ECOLE ESPAGNOLE (Primitive)

20 — Sainte Anne offrant une pomme à l'Enfant Jésus.

TAPISSERIE

21 — Tableau en tapisserie des Gobelins, représentant un bouquet de fleurs d'après Baptiste. La trame est lamée d'or.

—

DESSINS

22 — **Bloemart.** Paysans remettant la dîme. (Plume.)

23 — **Carème.** Bacchanale. Signé. (Dessin lavé.)

24 — **Cigobi.** Le Sommeil. (Motif de plafond.)

25 — **Cilli** et **Cambiage.** Deux Motifs pour un Jugement dernier.

26 — **Coigniet.** Étude d'arbres. (Aquarelle.)

27 — **Corrége.** La Nativité (beau dessin.)

28 — **Debay.** Album de Croquis.

29 — **Descamp (G.).** Croquis à la mine de plomb et à l'encre rouge pour l'illustration de la Guerre des grenouilles d'Aristophane.

30 — **Delacroix** (Eugène), d'après Rubens. (Beau croquis à la plume.)

31 — **Delaroche** (Paul). Le Cardinal Mazarin. (Croquis à la plume lavé de sépia, offert par l'artiste à Mlle Déjazet comme carte de visite).

32 — **Girodet**. Trois Motifs d'ornementation.

33 — **Id.** Danaé (Crayon noir).

34 — **Holbein** (Hans). Figure de saint. (Beau dessin rehaussé au bistre et de blanc gouaché.)

35 — **Ingres.** Étude analogue au sujet précédent. (Signé.)

36 — **Ingres.** Flore et Zéphir (Signé). (Beau dessin au crayon noir, d'une belle exécution).

37 — **Loo** (Carl Van). Tête d'homme.

38 — **Moucheron** (F.). Deux Croquis paysage. (Bistre et indigo.)

39 — **Mola** (Francesco). Un Miracle (Beau dessin au bistre, provenant de la collection Lempereur.)

40 — **Procaccini**. La Nativité. (Dessin lavé de bistre.)

41 — **Raffet.** Charlotte Corday. (Croquis à la mine de plomb.)

42 — **Raphael** (Sanzio). Amours échangeant leurs armes. Remarquable dessin à la plume, sur lequel nous appelons l'attention des connaisseurs.

43 — **Ribéra.** Le Baiser de Judas.

44 — **Hubet-Robert.** Ruines. (Croquis lavé de sépia.)

45 — Hubert-Robert. Une Fontaine à Rome.

46 — Rosa (S.) Paysage et Ruines. (Lavé de bistre et d'indigo.)

47 — Rubens (P.-P.) Un Titan. (Dessin à la pierre noire provenant du cabinet Richardson.)

48 — Thomas. Trois Dessins d'architecture.

49 — Tintoret. Trois Têtes d'étude. (Croquis à la pierre noire rehaussée.)

50 — Trimolet. Intérieur de cabaret. (Croquis à la mine de plomb.)

51 — Trimolet (Père), Frontispice pour la chanson de « T'en souviens-tu. » (Charmant croquis de cet artiste.)

52 — Trimolet (Père). Bataille. (Charmant croquis pour la chanson de « Fanfan la Tulipe. »)

53 — Trimolet (Père). La Gamelle, frontispice pour une chanson. (Charmant croquis de cet artiste.)

54 — Trimolet. La Tortue et les deux Canards. (Fable de La Fontaine.) Deux croquis.

55 — Vernet H. Huit Croquis.

56 — Wenix (J.-B.). Alexandre et Diogène.

57 — Dessins et Croquis militaires relatifs à la guerre de Crimée.

58 — Six Dessins de Maîtres anciens.

59 — Cinq Dessins anciens dont un par Breughel.

60 — Deux Paysages par Nicolle et Piranesi.

61 — Trois Dessins de l'École française, par Delorge, Latour et Gros.

62 — Trois Dessins de l'École italienne.

63 — Onze pièces. Dessins, Vases et Ornements divers.

64 — Sept Dessins anciens.

65 — Quinze Dessins de l'École française.

66 — Seize Dessins : Fleurs pour modèles de fabrication d'impressions d'étoffe.

67 — Cinquante-quatre Échantillons : Rubans anciens et Modèles pour fabrication.

68 — Deux Contre-Épreuves Greuze, un Croquis d'Oudry.

69 — Dix-huit Calques, d'après le Combat des Amazones.

70 — Quatre-vingt-dix Études académiques par Van Loo, Restout, Jeaurat, Coysevox, Deshayes, Puget et autres artistes français.

71 — Croquis par différents artistes anciens.

72 — Neuf Croquis par Charlet, Raffet, Decamps.

73 — Dix Croquis : Dessins de Maîtres anciens.

74 — Dix Croquis divers anciens et modernes.

75 — Trente-neuf Croquis et Dessins par divers.

76 — Six Dessins anciens.

77 — Cinq Dessins : Fortification militaire.

GRAVURES ANCIENNES

78 — Portrait du Maréchal comte d'Estrées Largillière, gravé par Audran. Avant le nom.

79 — Mme la comtesse Du Barry. Anonyme.

80 — Pièce satyrique sur la mort de Guillaume d'Angleterre. Auteur anonyme.

81 — Portrait équestre de Louis XIII, gravé par Michel Asinius.

82 — **Bartolus.** Adoration des Mages. Grande pièce en trois morceaux.

83 — Cinq Pièces dont quatre eaux-fortes : Fleurs de Baptiste.

84 — Dix Pièces d'après Berghem, par Wisscher.

85 — **H. Sebald Beham.** Scène d'histoire romaine (Trajan).

86 — Portrait du duc d'Harcourt, manière noire, d'après
Allix, par Brookshaw. Avant le nom.

87 — Deux Eaux-fortes. (Jeux d'enfant.) Blakay.

88 — **École anglaise.** Miss, d'après V. Bleeet, par P. V.
B., 1751.

89 — Six Pièces (Saints et Saintes), par les Bloemaert.

90 — Frise représentant le Triomphe de Bacchus, gravée
par J. Bonasone. B. n° 19.

91 — **Bos Jérôme.** Pièce représentant une baleine qu'un
homme éventre et dont toutes sortes de poissons
sortent de ses entrailles. Cock *excudit*.

92 — **Bosse.** Dix Pièces représentant diverses profes-
sions, gravées par Tavernier et autres.

93 — Vingt Pièces (Paysages) dont deux par Both.

94 — Soixante-seize Pièces. Suite de Costumes religieux, civils et militaires, gravés par Joos et
Bosscher.

95 — Quatre Pièces d'après Boucher.

96 — Deux Pièces, par Bouchier et Mauperche.

97 — **Breemberg** (Bartholomi). Joseph faisant distribuer
du blé en Égypte pendant la famine. Grande
pièce avant la marque.

98 — Deux Frises (Sujets d'histoire religieuse), par Ben-
demann, gravées par Burker. Avant la lettre.

99 — **Théodore de Bry**. La Fontaine de Jouvence. Bel
état.

100 — **Callot**. Seize Pièces, Gueux. — Quatre pièces,
Nobles. — Seize pièces, Grotesques. —
Douze pièces, Caprices. — Douze pièces,
Principes. — Douze pièces diverses.

101 — **Id**. Portrait équestre de Louis de Lorraine.
— La Place Carrière, à Nancy. — Deux
Vues de Paris. — De Chirus. — Tenta-
tion de saint Antoine. — Une Chasse.
— Fête à Florence, en 1819. — Siége
d'une ville surmontée du portrait du
duc de Lorraine. Avant la lettre, une
prédication.

102 — **Id**. Douze petites Pièces (Misères de la
guerre) et trois Pièces de la Passion.

103 — Cinq Pièces (Motifs de tapisseries), gravées d'après
P. Candit.

104 — Six Pièces d'après Claude le Lorrain — Cinq
Pièces, d'après Claude le Lorrain, par Lefèvre.

105 — Trois Pièces, deux par C. Cort, d'après Michel-
Ange ; et le Portrait de l'archevêque duc de
La Rochefoucauld.

106 — Trois Eaux-fortes : Paysage della Bella.

107 — **C. Duvart**. La Loterie, gravée par Éole. N° 40,
Bartsch.

108 — Quatre Frises G., d'après le Caravage, par Leblond.

109 — **Chardin**. Huit Pièces : l'Économie. — La Mère
laborieuse. — Les Amusements de la vie privée.
— La Mère trop rigide. — L'aimable Précepteur.
— La Gouvernante. — La Blanchisseuse. — La
Fontaine.

110 — Vingt-neuf Pièces : Fêtes de Nancy pour les funé-
railles du duc Charles III, gravées par Claude
de La Ruelle, Frédéric Brentel, Hermann de
Loye, etc.

111 — **Durer** (Albert). Pièce représentant plusieurs ar-
chers et un cavalier coiffé d'un turban,
gravée sur cuivre.

112 —   **Id.** Le Christ insulté par les soldats.

113 — **Van Dyck** (Antoine). P. Breughel, P. Du Pont,
Joannès Snellinx, Joannès
de Wael, Érasme Rotterda.
mus.

113 *bis* —   **Id.**   gravé par divers : Tréodore
Vanlonius, Carolus de Mal-
lery, Adrianus Stalbent,
Joannès Waverius, Iacobus
de Cachiopin.

113 *ter* —   **Id.**   Pénélope-Domina Herbert, Éli-
zabeth Cestelhaven, Anna-
Sophia comitessa de Cana.
ruaen.

114 — Sept Eaux-fortes (Paysages) par Jock.

115 — Massacre de Niobé. (Eau-forte par Gio. B. Gales-
truzzi.)

116 — **Gillot.** La Passion des richesses et la Passion de
la guerre. Deux pièces gravées par
Audran.

117 — **Id.** Apollon. — Portière.

118 — Neuf Pièces (Saints) gravées par Grophius.

119 — **Guide.** Massacre des Innocents, gravé par Bolo-
gnini.

120 — Marie-Antoinette de France chez Henauts et
Rapilly, en rouge.

121 — **Hooghe** (R. de). Triomphe de Léopold II, gravé
par Bouttats.

122 — **Hopfer** (Daniel). Musiciens à cheval. Taches dans
le bas, à droite.

123 — Dix-neuf Eaux-fortes, dont six par Huchtenberg,
d'après V. Meulen.

124 — Caricature anglaise (le Concert), gravée par Hume.

125 — La Fuite en Égypte, pièce gravée sur cuivre. Signée
du monogramme I. H.

126 — Cinq Pièces, d'après Jeaurat et autres.

127 — **Karel Du Jardin.** Vingt-trois Pièces eaux-fortes.
Très-bel état quoique avec les numéros.

128 — **Lancret.** Le Repas italien, gravé par Lebas.

129 — **Lancret.** Le Printemps, gravé par Audran. La
Musique champêtre, Saint-Fessard.

130 — Canonisation de saint Didaci en 1588, gravée par
Martelli Clodi, et Congrégation de docteurs en
théologie. — G. Landy, 1563.

131 — **Lepautre.** Quatre Pièces (Sujets mythologiques),
gravées par Chereau.

132 — **Lesueur.** Jésus-Christ chez Marthe et Marie, gravé
par B. Picard.

133 — Vingt et une Frises par Lepautre, le Caravage et
autres.

134 — Deux Frises de l'Arc de Triomphe pour la fédéra-
tion du 14 juillet 1795, gravées par Massard.

135 — Trois Pièces d'après Michel-Ange : Persicha, Del-
phica, Hieremias. Signées G. M. F.

136 — **Nanteuil.** Marie de Rohan.

137 — Id. Le R. P. Lalemant.

138 — **Nattier.** Gravé par Beauvarlet. Portrait d'une
dame représentée avec les attributs de Junon.

139 — D'après Netscher. Pièce avant toute lettre sans nom
d'auteur. Femme pelant une pomme.

140 — **Ostade** (A.-V.). Le Coup de couteau, 18 B. — Les
Pêcheurs, 26 B. — Le Savetier, 27 B. — Deux
pièces d'après Ostade.

141 — Cinq Pièces, par et d'après Ostade.

142 — Trois Pièces sur Paris : La Porte Saint-Antoine, le Magasin des armes de la Bastille et une lithographie la Tour Saint-Jacques.

143 — **Pencz** (Georges). Christ en croix et dix pièces. Sujets divers.

144 — Dix Pièces gravées par Perelle, d'après Asselin.

145 — **Pérugin.** La Nativité, gravée par F. Cecchini Romano. — L'Apparition aux Apôtres, par F. Cecchini Romano. — Fresques représentant Fabio Massimo, Socrate, Numa, Camillo, Pittaco, Traiano, gravés par le même.

146 — **Id.** L'Ascension de Notre-Seigneur Jésus-Christ. par Marquet et A. Jubinal.

147 — **École anglaise.** Massa out, Henry Pidding.

148 — Six Pièces. Lions, d'après Potter, par de Bye.

149 — **Poussin.** Testament d'Eudamidas, gravé par de Pesne et six autres pièces par divers. — Éliézer et Rébecca. Desnoyers.

150 — Deux Pièces. Entrevue de Charles-Quint et François Ier, par G. de Prenner, et Henri II de Valois, par le même.

151 — **Prud'hon.** Daphnis et Chloé. Épreuve en toute marge, avant la lettre, gravé par Roger. Myrtyle trouvant Daphnis. Épreuve en toute marge et avec toute lettre. Daphnis découvrant les grâces de Chloé. Mêmes observations.

152 — **Prud'hon.** Le Couronnement de Molière. Avant
la lettre. Marais, graveur.

152 *bis* — **Id.** L'Enflamer, gravé par Beisson. —
La Loi (Copie).

153 — Portrait de Louis Roupest, orfèvre à Metz, d'après
Rabon, gravé par Cossinus.

154 — **Raphaël.** La Transfiguration, gravée par Desnoyers.

155 — **Id.** Sainte Catherine d'Alexandrie, par Desnoyers. — La Vierge, dite la belle
Jardinière, par Desnoyers. — La
Vierge du Palais Tempi, à Florence,
par Desnoyers.

155 *bis* — **Id.** Vierge de la maison d'Orléans, par
Forster. — Vierge de la galerie de
Vienne, par Agricola. — Vierge à la
chaise, par Raphael Morghen. Avant
le titre. — Sainte Famille de Munich,
par Amster. — Trois Vierges, gravées
par divers.

156 — **Id.** La Madone de Dresde, gravée par F.
Muller.

157 — **Id.** Le Massacre des Innocents, gravé par
Vouillemont. — Jésus-Christ mis au
tombeau, gravé par Claude Du Flos.
— Bataille de Constantin. Pièce en
mauvais état.

158 — Raphaël. La Dispute du Saint-Sacrement. — l'École d'Athènes, par divers.

159 — Samuel Bernard, d'après Rigaud, par Drevet.

160 — **Rembrandt** (D'après). Deux Pièces dont la Résurrection de Lazare, par Brandeinstein.

161 — La Place laissée au pillage. — Logement du chemin couvert. Gravés par Rigaud.

162 — Reproduction d'une peinture antique, par Carloni Romano.

163 — Vue intérieure de Saint-Pierre de Rome, par Rossi.

164 — Trente Pièces : Vues de Rome, gravées par Rossi.

165 — **Rubens.** Saint Roch. — L'Adoration des bergers. — Jésus et saint Jean-Baptiste. — Sainte Famille. — Présentation au Temple. — Sainte Famille. Gravés par divers. — Quatre pièces : Chasse à divers animaux.

166 — Trois Pièces. Arcs de Triomphe, d'après Rubens.

167 — Portrait équestre de Georges III, d'après Rugendas, gravé par Vind.

168 — **Ribéra.** Bacchus. — Saint Jérôme écrivant, 1er état. — Saint Jérôme taillant sa plume. — Saint Jérôme lisant. — Marsyas (Planche coupée).

169 — Quarante-huit Pièces : Antiquités de Rome, Tivoli, Puzzolo, par M. Sadeler.

170 — **Segher** (G.). Reniement de saint Pierre, gravé par Bolswert.

171 — **Schianinossi** (Raphaël). Œuvre complet. Seize pièces.

172 — **Martin Schon**. La Prise du Christ au jardin des Oliviers (En rond.)

173 — Quatre Pièces en couleur, par Schutz.

174 — **Tiépolo**. Adoration des Mages. 2ᵉ état.

175 — Cinq Pièces, d'après J. Vernet, dont quatre avec la lettre : Promenade de l'après-dîner. -- Promenade du midi. — Promenade du soir. — Promenade. — L'agréable Société.

176 — Cinq Pièces d'après Véronèse, par Lefèvre.

177 -- Six Pièces d'après Véronèse et Titien, par Lefèvre.

178 — **Léonard de Vinci**. La Vierge aux rochers. Gravure par Aug. Desnoyers.

179 — Six Pièces : la Poésie, l'Astronomie, la Musique, la Peinture, l'Architecture, la Sculpture, par Amiconi, gravées par Wagner.

180 — Onze Pièces. Motifs de décoration : les Charmes de la vie, Aveline. — La Comédie italienne, Simoneau. — Mezzetin, deux pièces, Thomassin. — La Sérénade italienne, Scolm. — Escorte d'équipage, Dubosc. — L'Indiscret, Aubert. — Quatre fac-simile de dessins. — L'Amour au théâtre français, Cochin. — Fête villageoise. (Ces deux dernières pièces en mauvais état.)

181 — **Weirother**. Neuf Pièces eaux-fortes (Paysages).—
Quinze Pièces dont les Douze mois de l'année.
— Trente-sept Pièces (Paysages).

182 — **Wisscher**. Intérieur hollandais.

183 — **Wiericx**. Quatre Pièces (Saints).

184 — **Virgile Solis**. Sainte Hélène.

185 — **Mathieu Zeyssinger**. Supplice de saint Sébastien.
— Pièce originale.

186 — Cinq Pièces. Deux Gravures en couleur, Cipriani.
— Deux pièces d'après Freudeberg. — Marie
Solar de La Boissière, d'après Latour.

187 — Trois Pièces avant la lettre, d'après **Rembrandt**,
Wyck et Challe.

188 — Dix Pièces diverses.

189 — Portrait de Charlotte Corday. Gravure en manière
noire.

190 — Vingt-quatre Pièces. Gravures diverses en deux
lots.

191 — **École française**. Gravure sur cuivre représentant
un Groupe de musiciens et quatre personnages
dansant. (Quelques déchirures.)

192 — Douze Pièces (Eaux-fortes et Gravures), par divers.

193 — Sept Pièces : Vertus théologales, d'après J. Stradan,
gravées par Wiericx et Galle.

194 — Huit Pièces : Un Supplice, gravure de 1587. — Six
Portraits de souverains et une Gravure sur bois
du xvᵉ siècle, très-curieuse.

195 — Huit Portraits par divers.

196 — Soixante-douze Pièces, d'après Salvator et Louther-
bourg. — Trente Pièces par Lafage et autres.

197 — Vingt-neuf Pièces, divers lots : douze Saints et
quantités de Gravures provenant d'une bible.

198 — Onze Pièces (Paysages) par divers.

199 — Cinq Pièces (Sujets religieux).

200 — Dix-sept Pièces : Sujets religieux (École allemande).

201 — Sept Pièces d'après divers.

202 — Onze Pièces (Frises) d'après et par divers.

203 — Le Maître au dé. Motif représentant une fête à
Priape.

204 — Vingt-trois Pièces gravées, manière noire, d'après
les peintures murales d'Herculanum et Pom-
péi.

205 — Dix-huit Pièces gravées, fac-simile au bistre,
d'après Claude le Lorrain, par Carlom.

206 — Treize Pièces : Fac-simile d'après les maîtres.

207 — Cinq Pièces : Sujets divers, deux Paysages.

208 — Onze Pièces : Gravures anciennes par divers.

209 — Lot d'environ 600 Pièces comprenant : Portraits, Vignettes, Sujets divers, etc., etc.

210 — Trois Lithographies (Sujets religieux) d'après Lazerges, Raphaël et Daniel de Volterre.

211 — Huit Pièces, par divers.

212 — Soixante-trois Pièces : Monuments et Vues d'Italie.

213 — Quatre Pièces : Oiseaux.

214 — Dix Pièces, par divers.

215 — Treize Pièces : Sujets religieux.

216 — Huit Pièces d'après Titien, Tintoret et autres maîtres italiens.

217 — Trente-cinq Pièces : Sujets religieux et autres.

218 — Treize Pièces : Statues d'après l'antique, gravées par divers.

219 — Quatorze Pièces : Vues de Hollande.

220 — Vingt-sept Pièces : Gravures du xvie siècle représentant des princes d'Europe.

221 — Quinze Pièces : Suite du Triomphe de Maximilien d'Autriche.

222 — Soixante-et-onze Pièces. Gravures sur cuivre pour les Métamorphoses d'Ovide.

GRAVURES SUR BOIS

223 — Concert pendant un repas. Gravure sur bois de Josse Amman.

224 — **Inconnu.** Jésus-Christ lavant les pieds à ses disciples. Belle gravure sur bois.

225 — **Id.** Le Prêtre et le Lévite passant devant l'homme blessé, ainsi que le pendant de cette pièce.

226 — **Id.** Christ des douleurs. Belle épreuve sur bois marquée du monogramme Bu. 6, planche du xv⁰ siècle.

227 — **Stemmer** (Christophe). Gravure sur bois d'après ce Maître, représentant une scène de la guerre du Comté palatin, en 1432.

228 — Le Moulin aux Fous, pièce satyrique du xvi⁰ siècle attribnée à Jérôme Resch.

229 — **Inconnu.** Adam et Ève chassés du paradis terrestre. — Adam et Ève mangeant le fruit. — Deux pièces gravées sur bois.

230 — Gravure sur bois d'après Raphaël, par Hugo da Carpi.

231 — Deux Gravures sur bois par Albert Durer, représentant sainte Véronique, la Gloire du Christ, Christ en croix.

232 — Gravure sur bois d'Albert Durer, représentant un
        soldat offrant un roseau au Christ.

233 — La Cène. Gravure sur bois, d'Albert Durer.

234 — Trois Gravures sur bois, par A. Durer, représen-
        tant le Christ présenté au peuple, la Mise au
        tombeau, et les Chevaliers de la Mort, de l'Apo-
        calypse.

235 — Gravure sur bois, d'Albert Durer, représentant
        une frise de saints.

236 — Job sur son fumier. Beau bois par Albert Durer.

237 — **École allemande** du xv⁰ siècle. Gravure sur bois
        représentant le Pape entouré de cardinaux et
        d'évêques inspirés de l'Esprit saint.

238 — Pièce gravée sur bois, au monogramme HF, 1519.
        Frontispice d'un volume publié en Allemagne.
        Graveur inconnu.

239 — **Ichmart.** Gravure sur bois du **xv⁰** siècle, repré-
        sentant un écolier caressé par une jeune femme
        entourée des attributs de son sexe. Signée sur le
        vase de fleurs contenant des œillets.

240 — **Cranach** (Lucas). Deux Portraits. Belles épreuves
        (Électeurs de Saxe).

241 — Gravure sur bois, représentant des personnages
        tenant les armoiries des principautés d'Alle-
        magne, par **Wohlgemuth.**

242 — Trois Gravures sur bois, représentant Dieu le père, le Couronnement de la Vierge, la Mort de la Vierge, par Wohlgemuth.

243 — Sept Pièces. Gravure sur bois.

244 — Titre d'une Bible, gravé sur bois provenant d'une bible publiée en 1564.

245 — **Inconnu** (Monogramme S. G.). Bois représentant des oiseaux aquatiques; au fond, un chasseur tire son coup de mousquet.

246 — Gravure sur bois du xve siècle, représentant la Vierge entourée des apôtres.

247 — Gravure sur bois représentant un Christ en croix.

248 — Pièce provenant d'un Missel du xve siècle, représentant la Vierge, l'Enfant Jésus et un donataire. Gravure sur bois.

249 — Partie d'une gravure sur bois composée de trois pièces, gravée en camaïeu, d'après la composition de la Présentation au temple du Titien.

250 — Gravure sur bois, représentant un chevalier accompagné de deux chiens. Auteur inconnu.

251 — Gravure sur bois du xve siècle, représentant des personnages dansant en rond au pied d'une tribune, où sont des femmes en toilette de cour.

252 — Gravure sur bois du xve siècle, représentant la mort d'Absalon.

253 — Auréole d'Anges. Gravure sur bois du xve siècle.

254 — Quatre Gravures sur bois, représentant saint Luc,
saint Marc, saint Jean et deux enfants.

255 — Quatre petites Gravures sur bois, représentant des
sujets de l'Apocalypse.

256 — Le grand Prêtre. Gravure sur bois du xviie siècle.

257 — Gravure sur bois du xvie siècle, représentant :
Laissez venir à moi les petits enfants. Signée du
monogramme H.

258 — Deux Épreuves. Gravures sur bois, représentant
des Oiseaux.

259 — Deux Planches : le Christ bénissant le monde, et
une gravure sur bois, de Cranach.

260 — Gravure sur bois, représentant la Folie (xve siècle).

261 — Gravure sur bois du xve siècle, représentant le
Jour des Rameaux. Auteur inconnu.

262 — Gravure sur bois : la Création.

263 — Gravure sur bois, représentant une Parabole rela-
tive à l'Église catholique.

264 — Feuille ornée de douze Sujets et de texte allemand.
Ces Sujets représentent des phénomènes mons-
trueux.

265 — Gravure sur bois du xve siècle, représentant saint
Christophe.

266 — **Inconnu.** Madeleine aux pieds du Christ. Belle gravure sur bois du xvᵉ siècle.

267 — Le Christ en Croix. Bois allemand du xvᵉ siècle.

268 — Deux Échantillons de gravure sur bois du xvᵉ siècle : Parcelle de Calendrier et parcelle d'un Calvaire.

269 — **Inconnu.** Gravure sur bois, commencement du xvᵉ siècle, représentant le Jugement dernier.

270 — Gravure sur bois du xvᵉ siècle, représentant un Chat tenant une souris sous sa patte.

271 — Le Christ en croix. Gravure sur bois du xvᵉ siècle.

272 — Gravure sur bois du xvᵉ siècle, représentant l'Adoration des Mages.

273 — **Inconnu.** Ève présentant la pomme à Adam. Bois du xvᵉ siècle.

274 — **Id.** Belle Gravure sur bois, représentant l'Investissement d'une ville. Planche du commencement du xvıᵉ siècle.

275 — **Id.** David et Goliath. Belle gravure sur bois de la fin du xvᵉ siècle.

276 — Christ en Croix. Gravure sur bois, faisant partie d'un calvaire, échantillon du xvᵉ siècle.

ŒUVRES DE MARC-ANTOINE

277 — **Marc-Antoine.** La Cène, d'après Raphaël. Bel état, bien conservée.

278 — **Id.** La Peste, d'après Raphaël.

279 — **Id.** L'Ange de la loi, d'après Raphaël. Quelques manques dans le papier.

280 — **Id.** Le Jugement de Pâris avec la lettre de Mariette, d'après Raphaël.

281 — **Id.** La Descente de croix, d'après Raphaël. Belle épreuve.

282 — **Id.** La Vierge à la longue cuisse, d'après Raphaël. Traces de plis, petites déchirures.

283 — Deux Pièces : Danse de Satyres, dans le goût de l'Antique.

284 — **Marc-Antoine** (Attribué à). Énée portant Anchise, d'après Raphaël.

ŒUVRES DE REMBRANDT

285 — Abraham parlant à Isaac.

286 — **Rembrandt.** Le Sacrifice d'Abraham.

287 — Jacob et Laban.

288 — Joseph racontant ses Songes.

289 — Triomphe de Mardochée. Vigoureux, 2ᵉ état.

290 — David en prière.

291 — L'Ange disparaît devant la famille de Tobie.
     2ᵉ état.

292 — L'Annonciation aux bergers. 4ᵉ état.

293 — Adoration des bergers.

294 — La Circoncision. 2ᵉ état.

295 — La Présentation au Temple.

296 — La Présentation au Temple. 4ᵉ état. — Saint Joseph
     coiffé d'un turban.

297 — La Fuite en Égypte (Effet de nuit). 3ᵉ état.

298 — Repos en Égypte (Effet de nuit). 3ᵉ état.

299 — Jésus-Christ disputant avec les Docteurs.

300 — Jésus-Christ au milieu des Docteurs.

301 — Jésus-Christ au milieu des Docteurs.

302 — La Décollation de saint Jean-Baptiste.

303 — Le Denier de César. 3ᵉ état.

304 — Le Retour de l'Enfant prodigue.

305 — Jésus chassant les Vendeurs du Temple. 1ᵉʳ état.

306 — Jésus-Christ chassant les Vendeurs du Temple. 2ᵉ état.

307 — La Samaritaine, dite aux ruines. 3ᵉ état.

308 — La Samaritaine dite aux ruines. Pièce arrondie. 3ᵉ état.

309 — Jésus en croix. 3ᵉ état.

310 — La grande Descente de croix. 1ᵉʳ état.

311 — La grande Descente de croix.

312 — Jésus porté au tombeau.

313 — Les Pèlerins d'Emmaüs.

314 — Les Pèlerins d'Emmaüs.

315 — Saint Pierre guérissant le Paralytique. 4ᵉ état.

316 — Martyre de saint Étienne.

317 — Le Baptème de l'Eunuque. 2ᵉ état.

318 — **Rembrandt.** La Mort de la Vierge, sur papier du Japon.

319 — Saint Jérôme à genoux.

320 — Le Docteur Faustus.

321 — L'Étoile des Rois.

322 — Les Musiciens ambulants.

323 — Les Musiciens ambulants. 2ᵉ état.

324 — Les Musiciens ambulants.

325 — La Faiseuse de Koucks. 4e état.

326 — Le petit Orfèvre.

327 — Le Jeu du kolef. 2e état.

328 — Le Dessinateur. 2e état.

329 — Le Joueur de cartes.

330 — Le Persan. 2e état.

331 — Gueux et Gueuse.

332 — Vieille Mendiante.

333 — Les Mendiants à la porte d'une maison.

334 — Le Peintre dessinant d'après le modèle. 2e état.

335 — Figures académiques d'hommes. 1er état.

336 — Académie d'un homme assis à terre. 2 épreuves.

337 — Portrait de Jean Asselyn. Japon. 2e état.

338 — Grand Portrait de Liéven Coppenol. 5e état.

339 — Clément de Jonghe. 4e état.

340 — Janus Lutma, avec la croisée. 3e état.

341 — Uytenbogaert dit le Peseur d'or. Avant la retouche.

342 — Utenbogardus. 4e état.

343 — Utenbogardus. 4e état. Épreuve rognée.

344 — Buste de la Mère de Rembrandt, la main sur la poitrine.

345 — La Mère de Rembrandt assise, aux gants noirs.

346 — Rembrandt et sa femme. 2e état.

347 — Rembrandt au bonnet plat. 2e état.

348 — Rembrandt à la toque, dans l'ombre.

349 — Rembrandt au bonnet orné d'une plume.

350 — Feuille de six têtes dont cinq de femmes.

351 — Homme assis aux trois moustaches. 2e état.

352 — Vieillard à grand bonnet qui dort.

GRAVURES MODERNES

353 — **Quatre Pièces.** Gravures sur bois, d'après Rosa Bonheur et une d'après Bodmer. Avant tout texte. Épreuves uniques.

354 — **Chassereau.** Arabes. (Eau-forte.)

355 — **Daubigny** et **Meissonier.** (Eau-forte.) Il n'existe que deux autres épreuves de cette pièce. Les figures sont de M. Meissonier.

356 — **Deux Eaux-fortes** par **Daubigny,** avant toute lettre et remarques sur les marges.

357 — Dix Eaux-fortes (paysages), par Daubigny. **Avant la lettre. Toutes en 1er état.**

358 — Dix Eaux-fortes par Daubigny.

359 — Six Pièces. Gravures sur bois, dont huit par G. Doré.

360 — **Feuchère.** Huit pièces. Ornements d'orfévrerie.

361 — Deux Pièces. Gravures sur bois par Gavarni. **Avant le texte.**

362 — **Dupont** (Henriquel), D'après Paul Delaroche. Christ descendu de la croix. **Épreuve avant toute lettre.**

363 — **Jacque** (Ch.). Neuf Eaux-fortes avant les titres, et une lithographie : le Crépuscule poétique.

364 — Vingt-quatre Gravures sur bois, d'après Charles Jacque. Avant tout texte et nettoyages.

365 — **Meissonier** (E.). Le Fumeur. (Eau-forte du maître). Avant la lettre et les numéros.

366 — **Meissonier.** Gravure sur bois, par Lavoignat, pour l'ouvrage de Lazarille de Tormès par Louis Viardot.
    1° Lazarille de Tormès.
    2° Lazarille devant la huche. Deux états.
    3° Lazarille au service de l'aveugle.
    4° Lazarille buvant le vin de l'aveugle avec un fétu de paille.
    5° Le Chaudronnier.
    6° L'Écuyer.
    7° Le Moine de la Merci.
Ces sept gravures avant toute lettre sont uniques et d'essai introuvable. En tout huit pièces.

367 — **Meissonier.** Gravure par Lavoignat. Epreuve
d'essai du Corps de garde et une épreuve d'essai
Personnages à table. Sujet inconnu.

368 — Meissonier. Gravures sur bois par Lavoignat. Trois
pièces des Comptes rémois. Épreuves uniques.
Avant tout texte.

369 — **Meissonier.** Trois Gravures sur bois pour les
OEuvres de Balzac.

370 — Douze Pièces. Gravures sur bois, d'après J.-F.
Millet.

371 — Cinq Pièces. Gravures sur bois, d'après **Raffet**,
dont le portrait d'Abd-el-Kader.

372 — **Trimolet** (Père). Combat des Rats et des Grenouilles. (Deux feuilles.)

373 — Trente Pièces. Eaux-fortes par Trimolet. Épreuves
d'essais pour des chansons. Avant la lettre.

374 — Cinq Pièces. Gravures sur bois, d'après **H.**
Vernet.

375 — Deux Pièces. Gravures sur bois. Inconnu.

376 — Treize Pièces. Gravures sur bois. Armures, Tapisserie et Manuscrits. Inconnu.

377 — Quatre Pièces. Gravures sur bois par Lavoignat,
et trois d'après Dauzats.

GRAVURES ET ORNEMENTS

378 — **Vénitien** (Augustin). Motif d'ornement.

379 — Petite Pièce représentant des objets d'orfévrerie grav. sur cuivre. Signée **A. L.** (xvrᵉ siècle).

380 — **Beham** (Hans). Motif de frise. Amours et Ornements.

381 — Vingt-sept Pièces grav. sur cuivre. Motifs d'ornements et architecture, par Ditterlin.

382 — **Hopfer** (Jérôme). Motifs d'ornements pour fête funéraire (xvrᵉ siècle).

383 — **L. B. Feo** (1702 et 1723). Motif d'ornement avec nielle.

384 — Quatorze Pièces : Masques d'après l'antique et Puget.

385 — Trois Feuilles. Ornements divers par Salembier et trois autres.

386 — Deux Pièces : Ornements (Nielles).

387 — **Inconnu.** Motifs d'ornements d'orfévrerie, avec nielles.

388 — Treize Pièces : Ornements divers.

389 — Quinze Cariatides. Gravures sur bois tirées d'un volume, représentant des figures allégoriques du xvrᵉ siècle.

390 — Dix Pièces : Ornements divers.

391 — Six Pièces : Sujets allégoriques et Ornements.

392 — **École française.** Trois pièces (Sujets décoratifs).
Sans noms d'auteur.

393 — Trois Pièces. Motifs de décoration, par Lebrun et
autres.

394 — **École française.** Deux Pièces décoratives.

———

LITHOGRAPHIES

395 — **Boulanger** (Louis). Méphistophélès faisant appa-
raître à Faust Marguerite (lithographie). Épreuve
très-rare avec les griffonnements.

396 — Dix Pièces, par Charlet, Raffet et Bellangé.

397 — Trois Pièces. Portraits d'après Clouet. Avant la
lettre.

398 — Soixante-quatre Pièces. Lithographies par Decamps.

399 — Cinquante Pièces d'après Decamps. Quelques
eaux-fortes.

400 — **Delacroix** (Eug.). Lion de l'Atlas. — Tigre royal.
Deux pièces rares.

401 — **Delacroix** (Eug.). Faust, deux pièces. — Macbeth, une pièce. — Hamlet, deux pièces. — Jane Shore, deux pièces. — Camées antiques, deux pièces. — Pauvre crâne vide que veux-tu dire. En tout huit pièces.

402 — Quinze Pièces lithographies et eaux-fortes, d'après Delacroix.

403 — **Thiery**, d'après Delacroix : le Tasse dans la maison des fous.

404 — Dix Pièces (lithographies), par Géricault.

405 — **Meissonier** (D'après). Huit Pièces, lithographies et eaux-fortes.

406 — **Mouilleron**, d'après Hamman. André Vesale.

407 — Cinq Lithographies par Mouilleron, d'après divers.

408 — Dix Lithographies d'après Prud'hon.

409 — Quatre Lithographies par Léopold Robert.

410 — Huit Pièces, lithographies et eaux-fortes.

411 — Six Pièces d'après divers. (Trois Francia).

412 — Quatorze Pièces (eaux-fortes et lithographies), d'après divers.

413 — Trente-cinq Pièces lithographies et eaux-fortes du journal *l'Artiste*.

414 — Vingt-huit Pièces, lithographies et eaux-fortes, par
et d'après divers.

415 — Huit Pièces (lithographies), par de Lemud le Vin,
Maître Wolfram, Hoffmann, le Prisonnier, et
quatre autres.

LIVRES

RARES, CURIEUX ET A FIGURES

416 — Les quatre Évangélistes, suivis de l'Apocalypse et
du Nouveau Testament. Sans date. Ouvrage orné
de nombreuses gravures sur bois du xv° siècle.

416 *bis* — Les Fastes, antiquités et choses plus remarqua-
bles de Paris, par Pierre Bonfons, parisien. *A
Paris, chez Nicolas Bonfons*, 1507. Orné de nombreuses figures sur bois.

417 — Biblia sacra. *Lugduni, apud Jacobum Guintian*, 1546.

418 — Orlando furioso, di Lodovico M. Ariosto. *In Venetia,
appresso Vicenzo Valgri*, 1554. Orné de nombreuses figures sur bois.

419 — Discorso del S. Guglielmo, sopra la Castrame-
tatione et Bagni antichi de i Greci et Romani.
Appresso Marc Antonio Olmo, 1559.

420 — Biblia sacra *Lugduni, apud Joan Fornaesium*, 1567.
Nombreux nielles et gravures sur bois.

421 — Livre de Tite-Live et de Lucien Florus, relatif aux
origines du gouvernement romain, des cheva-
liers et de leurs victoires, etc., etc., traduit du
latin en allemand, par Zacharie Müntzer. Ouvrage orné de nombreuses figures sur bois, 1571.

422 — L'Achille et l'Enea, della Illiade d'Homero. Nombreuses figures sur bois. *In Vinegia, appresso
Gabriel Gioltto, de Ferrari*, 1571.

423 — Vita fatti di Giesu Christo, par Riv. M. Bartholo-
meo Dionigi da Fano. *In Venetia, appresso Gio-
vanni Guerigli*, 1592 (Ouvrage taché).

424 — I Miracoli del santissimo Sacramento.... del
Nicola Laghi da Lugano. *In Venetia, appresso
Nicolo Moretti*, 1594.

425 — Discorsi Morali del eccellente S. Fabio Elissenti.
In Venetia, appresso Domenico Farri, 1596.

426 — Le Vray Combat et victoire contre la peste. *Paris,
chez Jean Mestais*, 1631.

427 — Insectorum sive minimorum animalium theatrum.
Londini, ex officina Thom. Cotes, 1634.

428 — Histoire de tous les ordres militaires ou de cheva-
lerie, contenant leurs institutions, leurs céré-
monies, etc., etc. Orné de gravures par Adrien
Schoonebeeck, 2 vol. *Amsterdam*, 1649.

429 — L'Instruction du Roy en l'exercice de monter à
cheval, par Messire Antoine de Pluvinel, orné
de gravures par Crispian de Pas. *Amsterdam, chez
Jean Schipper*, 1666.

430 — Histoire des Anabaptistes. *Paris, chez Charles Clouzier*, 1695 (MDCXCV).

431 — La Science du Gouvernement, par M. de Saint-Réal, sixième partie. *Aix-la-Chapelle.* Relié en maroquin vert, aux armes de France et aux coins au chiffre du Roi.

432 — La sainte Bible. *Amsterdam, chez Pierre Mortier et Pierre Brunel*, 1712.

433 — Histoire des Amazones anciennes et modernes, par l'abbé Guyon. *Bruxelles, chez Jean Léonard*, 1744.

434 — Les Mœurs, par Panage, 1748.

435 — Voyage pittoresque de Paris ou indication de tout ce qu'il y a de plus beau..., par M. D***. *Paris, chez de Bure*, 1752.

436 — La Vie des Peintres flamands, allemands et hollandais, par J.-B. Decamps. 4 vol. Portraits de Ficquet (un des volumes a été légèrement brûlé). *Paris, chez Desaint et Saillant*, 1764.

437 — Les Saisons, poëme, par St-Lambert. *Amsterdam*, 1769. Figures par Leprince et Choffard.

438 — A collection of prints in imitation of Drawings, avec l'explication et notes critiques de Charles Roger, esquire, 2 vol., 1778.

439 — Imitations of ancient and modern Drawings, par C.-M. Metz. *Londres*, 1798.

440 — Beïtrage zur teutschen Kunst, par Frantz-Hubert Muller. *Leipsick*, 1837.

441 — Jubinal (A.).. Les anciennes Tapisseries historiées, Nancy, Bayeux, Aix, Dijon, chevalier Bayard, du XIe au XVe siècle. *Paris*, 1838. Ouvrage tiré à 100 exemplaires. Manquent quelques planches.

442 — Les Peintres primitifs, par Artaud de Montor. *Paris, Challamel*, 1843.

443 — Layen Spiegel. De l'Ordre dans les régiments civiques (en allemand).

444 — Tite-Live. Histoire romaine, guide de tous les gouvernants (en allemand). Nombreuses figures sur bois.

445 — Epistole et Evangeli che si liggono tutto. Sans date.

446 — Histoire de la Vie et Passion de Notre-Seigneur Jésus-Christ. *Paris, chez Jean-Baptiste Loison.* Nombreuses gravures sur cuivre.

447 — Romans de Voltaire. 3 vol. *Didot l'aîné, an VIII* (1800).

448 — Tableaux, Statues, Bas-Reliefs et Camées de la galerie de Florence et du palais Pitti, dessinés par Wicar, gravés par Masquelier. *Paris, chez Froment*, 1829.

449 — Histoire des Arts industriels au moyen-âge et à l'époque de la Renaissance, par Jules Labarthe. *Morel*, 1864. 4 vol. texte et 2 vol. planches.

450 — L'Architecture du vᵉ au viiiᵉ siècle, par Gailha-
baud, Gide et Baudry. Ouvrage incomplet.

451 — Recueil d'Estampes gravées d'après des peintures
antiques et italiennes, etc., etc., gravés par
Desnoyers, Massol, Girard, Godefroy. Incomplet.

452 — Histoire des Papes jusqu'à Clément VIII. Nombreux portraits sur bois. Manque le titre.

453 — Ouvrage sur l'Observance des us religieux. Ouvrage de l'époque de la Renaissance. Nombreuses figures sur bois. Manque le titre.

454 — Album du Cachemirien, 30 planches coloriées,
publié par Chavant. *Paris*.

VIGNETTES

455 — **Bosse**. Trois Pièces : Titres de livres.

456 — **Ficquet**. Portraits de Pierre Corneille, de Mon-
taigne, de Crébillon, de J.-B. Rousseau, d'Homme
portant l'inscription.

457 — Deux Titres de livres provenant d'ouvrages publiés
par Guilhem Jansonium, 1619.

458 — Deux cent trente Vignettes pour différents ouvrages ; quelques Vignettes pour les Contes de La
Fontaine.

459 — Cinquante-neuf Vignettes tirées de différents
ouvrages du XVIIIe siècle.

460 — Quarante et une Vignettes et Portraits du XVIIIe
siècle.

GOUACHE DU XVe SIÈCLE

461 — **École française gothique.** Peinture à la gouache
sur soie, représentant les Adieux des Saintes
Femmes au Christ. Échantillon très-rare et
bien conservé de l'art au XVe siècle.

CURIOSITÉS ET FAIENCES

462 — Pendule carrée de Boule en marqueterie de cuivre
et écaille, garnie de bronzes bien ciselés.

463 — Plat en cuivre repoussé. Travail du XVIIe siècle
(Sujets armoriés).

464 — Plat en cuivre repoussé. Travail du XVIIe siècle
(Sujet représentant le Retour de la terre de
Chanaan).

464 *bis*. — Autre Plat, de même époque, même sujet.
Plus petit que le précédent.

465 — Deux Poivrières en plaqué. Travail de l'époque du
1ᵉʳ Empire.

466 — Une Jatte en faïence de Strasbourg.

466 *bis* — Une Jatte en faïence de Rouen.

467 — Une Saucière en faïence de Strasbourg.

468 — Un grand Plat en faïence de Rouen, décor polychrome à la pagode, décoré sur le marli de
cachemire. Deux légères fêlures

469 — Plat en faïence de Savone; décor polychrome
(Fêlé).

470 — Six Plats en faïence de Delft. Belle qualité, quelques égrenures.

471 — Une Fromagère en faïence de Nevers, ajourée.
Manquent les anses.

472 — Deux Plateaux à fromage en faïence de Delft.

473 — Cinq Pièces en faïence de Delft : Assiettes diverses.

474 — Trois Assiettes en faïence de Delft; décor polychrome au lièvre vert.

475 — Trois Assiettes en faïence de Delft; décor polychrome (oiseaux et fleurs). Émaux à deux feux.

476 — Quatre Assiettes en faïence de Delft; décor polychrome (fleurs).

477 — Sept Assiettes en faïence de Delft; décor polychrome à médaillons.

478 — Soupière en faïence de Nevers ; décor bleu. Manque le plateau.

479 — Grand Plat octogone en faïence de Rouen ; décor meubles chinois ; au milieu, un bouquet. Première période de la fabrication.

480 — Quatre Assiettes en faïence de Sinceny; décor polychrome (fleurs). Une d'elles est fêlée.

481 — Trois Assiettes et une Jatte en faïence de Rouen ; décor polychrome à la corne (Fêlées).

482 — Un Plat rond en faïence de Rouen ; décor polychrome à la double corne (Fêlé).

483 — Un Plat ovale en faïence de Rouen ; décor polychrome à la double corne (Rattaché).

484 — Trois Potiches en faïence de Delft. (Dépareillées.)

485 — Deux Bouteilles dépareillées en faïence de Delft.

486 — Une Paire de Bouteilles en faïence de Delft. Légèrement rognées au col.

487 — Cinq Pièces formant une garniture composée de trois Potiches en faïence de Delft et deux cornets dont un brisé ; décors fleurs et chinois.

488 — Une paire de Cornets en faïence de Delft ; décors Chinoises.

489 — Trois Potiches en faïence de Delft.

490 — Quatre Bouteilles en faïence de Delft, de différentes grandeurs, non appareillées.

491 — Quatre Plats en porcelaine du Japon ; décor bleu
(Appareillés).

492 — Quatre Assiettes en porcelaine du Japon; décor
bleu.

493 — Deux Plats ronds, creux, en porcelaine du Japon;
décor bleu.

494 — Trois Plateaux en porcelaine du Japon; décor
bleu.

495 — Quatre Raviers en porcelaine du Japon; décor
bleu.

496 — Un Plat ovale en porcelaine du Japon; décor bleu.

497 — Quatre Pièces en porcelaine du Japon : une Sou-
coupe, une Saucière, deux Bouteilles. Quelques
fractures.

498 — Un Solitaire en porcelaine de Wegwood.

Vᵉˢ Renou, Maulde et Cock, imprˢ de la Compagnie des Commissaires-Priseurs,
rue de Rivoli, 144.   70385